AF278656

FRAGMENT POLITIQUE,

EXTRAIT

DES PAPIERS DE NAPOLÉON,

MORT A SAINTE-HÉLÈNE;

PAR M. TÉZENAS DE MONTBRISON.

Nil actum reputans, si quid superesset agendum.
LUCAN., Phars.

A PARIS,

CHEZ { DELAUNAY, Libraire, au Palais-Royal.
MONGIE, Libraire, boulevard Poissonnière.
AUDIN, Libraire, quai des Augustins, n°. 25.

JUILLET 1821.

AU LECTEUR.

La mort de l'homme extraordinaire qui a rempli le monde de sa renommée, et qui, de quelque manière qu'on envisage sa destinée si diverse, fera l'éternel entretien des races futures, n'a pas produit parmi nous la sensation profonde à laquelle on aurait pu s'attendre. Peut-être en est-il de la mort comme de toutes les autres actions humaines : *Il faut venir à temps*. Napoléon, cherchant une glorieuse tombe, à la tête de sa garde, dans les plaines de la Belgique, s'ensevelissant sous les débris d'un trône deux fois renversé par toutes les armées de l'Europe, devenait à juste titre, pour ses partisans, l'objet d'un douloureux enthousiasme. Aujourd'hui, la fin de son obscure existence, à deux mille lieues de nous, n'est qu'un événement vulgaire, qui a pris sa place, comme tant d'autres, entre les aventures de Perlet et d'Ipsilanti, et la discussion quelquefois si plaisante de la loi de censure.

Je n'ai fait que passer, et l'on n'en parlait plus.

L'attention publique sera bien autrement excitée à l'apparition des Mémoires de Napoléon, si., comme on n'en peut guère douter, il en a laissé à ses confidens. Le loisir et la solitude ne lui ont pas plus manqué que la matière, et nous devons compter sur une ample moisson de scandales. En attendant, nous allons faire part à nos lecteurs d'une conversation toute politique entre l'ex-Empereur et son plus fidèle compagnon de travaux et d'infortunes, le brave Bertrand. Nous pouvons garantir l'exactitude du sténographe de Sainte-Hélène, qui l'a recueillie de la bouche des interlocuteurs, et qui nous l'a transmise dans le courant de l'année dernière. La discrétion seule nous empêche de le nommer; mais on le devinera facilement.

'Quelques circonstances ont retardé la publication d'un poëme héroï-comique en quatre chants, intitulé : *Napoléon en retraite*, ou *le Nouveau Seigneur de Village*. Cet ouvrage, connu par des lectures particulières qui ont valu à l'auteur d'illustres suffrages, et dont plusieurs journaux ont donné des fragmens, doit paraître incessamment en un volume *in*-18.

NAPOLÉON, BERTRAND.

DIALOGUE.

NAPOLÉON.

C'en est fait : dans l'exil l'univers m'abandonne !
Cinq ans sont écoulés depuis que la couronne,
Pour la seconde fois échappant de sa main,
Napoléon languit sur ce rocher lointain.
Semblable à Prométhée, un vautour me dévore ;
Et, mourant tous les jours, il me faut vivre encore !
Quel destin ! ô fortune !

BERTRAND.

      Ah ! Sire, à vos douleurs,
Je n'ai, vous le savez, à donner que des pleurs.
Deux fois j'ai sans regret tout quitté pour vous suivre.
Mais quel subit transport vous fait haïr de vivre ?
Un héros tel que vous....

NAPOLÉON.

      Eh ! Bertrand, arrêtez.
Vous m'aimez, dites-vous : eh ! quoi, vous me flattez !

Un héros tel que moi..., quand le malheur l'accable,
Quand il est sans espoir, en est plus misérable.
Sur le trône du monde où j'ai passé quinze ans,
Je n'ai que trop connu ces amis complaisans,
Qui devinant mes goûts, caressant mes caprices,
Au nombre des vertus rangeaient mes injustices.
J'étais, à les entendre, au-dessus des mortels :
Ils m'auraient sans pudeur érigé des autels ;
Et la plupart, courbés aux pieds d'un nouveau maître,
L'encensent bassement..., le trahissent peut-être.
Si j'ai goûté long-temps leur miel empoisonné,
Je l'ai jugé... trop tard, et je suis détrôné.

BERTRAND.

Sire, vous connaissez ma tendresse et mon zèle.
Au jour de vos malheurs vous m'avez vu fidèle ;
On ne me vit jamais au rang de vos flatteurs :
Je les méprisais trop pour prendre leurs couleurs.
Mais, puisqu'il m'est permis de rompre le silence,
Qu'imposait le respect à mon obéissance ;
Souffrez que votre ami (vous me donnez ce nom)
Dans vos esprits troublés rappelle la raison.
Vos exploits ont conquis une longue mémoire,
Sire, et vivant encor, vous entrez dans l'histoire.
Vous qui, des derniers rangs, jeté parmi les rois,
Vîtes l'Europe entière asservie à vos lois ;
Des jeux de la fortune épouvantable exemple !
Aujourd'hui dans les fers le monde vous contemple !
Mais de vingt rois ligués, par vous long-temps vaincus,
La victoire d'un jour est un honneur de plus.
Nos neveux, dédaignant les clameurs du vulgaire,
Ne verront point en vous un mortel ordinaire.

Par le sort abattu, luttez contre le sort :
D'où vient qu'à chaque instant vous invoquez la mort!
Il n'est plus temps : vivez!

NAPOLÉON.

Ami, qu'oses-tu dire ?
Quoi! tu veux que je vive, et j'ai perdu l'empire!.
Je ne puis plus régner !

BERTRAND..

Sachez vivre et souffrir :
C'était à Waterloo que vous deviez mourir.

NAPOLÉON.

Quand lasse, après vingt ans de carnage et d'alarmes,
Sur Paris consterné fondit l'Europe en armes ;
Quand des Bourbons la France implorant le secours,
Semblait entr'eux et moi prononcer pour toujours ;
Du trône impérial quand on me fit descendre,
Eût-il fallu mourir, ne pouvant le défendre ?
Tu me vis sans effort survivre à mon pouvoir :
J'abdiquai....; mais mon cœur garda tout son espoir.
Par le sénat des rois relégué dans une île ,
Comme un port de salut j'acceptai cet asile.
Ils osaient m'épargner ! D'heureux pressentimens,
M'offraient dans l'avenir de grands événemens.
Il semblait que mon âme , interdite , étonnée ,
N'eût pas encor rempli toute sa destinée.
Un jour... dix mois entiers je l'attendis, ce jour
Où de l'exil enfin je pus fuir le séjour !
Comptant sur mon étoile, au péril je m'élance...
Le soleil luit vingt fois... , et j'ai conquis la France,
J'ai ressaisi le sceptre. O bonheur!

BERTRAND.

O revers !

Oubliez-vous qu'ici nous sommes dans les fers ?
Oubliez-vous quel sang, reste de cent batailles,
Aux champs de Waterloo trouva ses funérailles ?
Vos généreux soldats... O cruel souvenir !
Ils ne pouvaient plus vaincre ; ils voulurent périr !
Que n'ai-je dans la tombe accompagné leur gloire !

NAPOLÉON.

Je les aurais suivis, ami, tu peux m'en croire,
Si, sauvé malgré moi dans un si grand danger,
Je n'eusse conservé l'espoir de les venger.
Oui, fuyant au hasard, en cette nuit fatale,
Sans armée, égaré, loin de ma capitale ;
Par un dernier appel à l'honneur des Français,
Je crus pouvoir encor me promettre un succès ;
Et, de l'état bientôt affermissant les rènes,
Je me vis remontant aux grandeurs souveraines.
Mais, tu le sais : vainqueur, rien ne m'eût résisté :
Vaincu, tout s'est armé contre ma volonté.
Un ramas de tribuns, muets en ma présence,
Se réveillent, honteux de quinze ans de silence ;
Et leurs fougueux accens, hardis depuis un jour,
Des temps les plus affreux présagent le retour.
Il eût fallu sans bruit disperser ces rebelles :
Je l'aurais dû peut-être, et quelques bras fidèles
Etaient prêts (1)... J'hésitai... Pressé de toutes parts,
Pouvais-je encor braver la guerre et ses hazards ?

----

(1) Historique, comme dit Mme de Genlis.

L'étendard étranger flotte au loin dans la plaine;
Je n'ai plus qu'un instant, ou ma perte est certaine;
Et de mes ennemis redoutant le courroux,
Je tombe dans les mains du plus haï de tous!
Il n'est donc plus pour moi de terre hospitalière,
Et j'ai pu sans mourir descendre à la prière!
O douleur! désormais, éclairé sur mon sort,
Peux-tu donc t'étonner que j'implore la mort?

BERTRAND.

Sire, il n'est que trop vrai : l'excès de l'infortune
Porte le désespoir dans une âme commune.
Tomber deux fois d'un trône, et supporter ses maux,
C'en est trop pour un roi, mais non pour un héros.
Elevé loin des cours, soldat dès votre enfance,
Vous sûtes conquérir la suprême puissance.
L'univers ébloui, sur vous fixant les yeux,
Connut votre génie et non pas vos aïeux.
Mais ne peut-on enfin vivre sans diadème?
Ah! c'est régner encor que régner sur soi-même!
Songez à Charles-Quint : absolu comme vous,
De son autorité quel roi fut plus jaloux?
Il marcha comme vous de conquête en conquête;
Comme vous des grandeurs il atteignit le faîte;
Et bientôt du pouvoir Charles-Quint dégoûté
Ne chercha de bonheur que dans l'obscurité.
Voyez-le s'enfermer au fond d'un monastère...

NAPOLÉON.

Je vois le repentir d'un moine solitaire;
Et de tous les mortels le plus infortuné,
Ami, je le sens trop, c'est un roi détrôné.

Souvenirs du passé, gloire, renom, puissance,
Dans mon cœur ulcéré tout se change en souffrance.
Je ne puis faire un pas dans ces affreux déserts,
Sans songer que d'un mot j'ébranlais l'univers ;
Et dans un coin du monde, oublié, je respire !
De Charlemagne ainsi j'ai relevé l'empire ;
Des plus vastes projets nuit et jour occupé,
J'ai combattu quinze ans pour un sceptre usurpé,
Et par tant de travaux je n'ai pu sur ma tête
Affermir à jamais le prix de ma conquête.
Sur un trône incertain je chancelai toujours.

BERTRAND.

Sire, qu'ai-je entendu ? Quel est donc ce discours ?
Le peuple, à vos exploits accordant son estime,
Vous a choisi...

NAPOLÉON.

Son choix était illégitime.

BERTRAND.

Ainsi donc, des Bourbons reconnaissant les droits...

NAPOLÉON.

J'attendais tout du temps, qui fait le sort des rois.
De Naple et de Madrid quand je chassai les princes,
Quand de la Germanie occupant les provinces,
De nouveaux souverains je peuplai ces états ;
Penses-tu qu'affrontant de périlleux combats,
Mon projet le plus cher fut d'élever mes frères ?
Seul, et privé comme eux de droits héréditaires,
Je voulais, du passé ne pouvant m'étayer,
Des rois Européens me trouver le premier.
Ma dynastie alors, heureuse et pacifique,
Prenait racine en France, et devenait antique ;

Et la postérité, consacrant ma grandeur,
Plaçait Napoléon au rang de fondateur.

BERTRAND.

Sire, de vos desseins je conçois l'importance :
Leur profondeur m'étonne et j'admire en silence.
Mais enfin, Albion, souveraine des mers,
Avec le continent n'a point porté vos fers;
Et sa haine...

NAPOLÉON.

Albion pouvait régner sur l'onde;
Moi, j'aurais régné seul sur le reste du monde.
Dans leurs avides mains tarissant leurs trésors,
A ses navigateurs je fermais tous les ports;
Et si, mieux éclairée, aux traités plus fidèle,
L'Europe de mon bras eût secondé le zèle,
L'orgueilleuse Albion, trompée en ses complots,
D'un empire inutile eût sillonné les flots :
S'entassant chaque jour dans ses villes désertes,
Les richesses de l'Inde eussent accru ses pertes;
Et sans combats, touchant au comble des revers,
Sa ruine éclatante eût vengé l'univers.
Mais que dis-je, insensé? jouet d'un vain système,
Je préparais sa chute et suis tombé moi-même;
Et le fruit de quinze ans de gloire et de hauts faits,
Mon empire avec moi s'écroule pour jamais!

BERTRAND.

Sensible à ses douleurs plus qu'aux miennes peut-être,
Dans son abaissement je révère mon maître.
Je pleure sur ses maux, ils sont grands; mais enfin,

Quel mortel peut changer les arrêts du destin ?
Sire, à votre secours appelez la constance ;
Résignez-vous : du trône abjurez l'espérance,
Et pour votre repos oubliez les Français !

NAPOLÉON.

Ami, puis-je oublier qu'ils furent mes sujets?

BERTRAND.

Que leur bonheur du moins charme votre infortune !

NAPOLÉON.

Leur bonheur !...

BERTRAND.

Pardonnez ma franchise importune ;
Mais depuis que le sort vous a précipité,
Le peuple se réveille au cri de liberté.

NAPOLÉON.

Le peuple sous mon règne appelait la victoire.

BERTRAND.

Sire, la liberté console de la gloire.

NAPOLÉON.

Et de la liberté quels sont les défenseurs?

BERTRAND.

Tous vos anciens amis....

NAPOLÉON.

Dis mes anciens flatteurs.

Tu le sais, s'élevant à force de bassesses,
Affamés de pouvoir, d'honneurs et de richesses,
Ces faux républicains, meurtriers d'un bon roi,
Me servaient dans ma cour et tremblaient devant moi.
Ami, la liberté, que prêchent des rebelles,
Voile presque toujours leurs trames criminelles.
Moi-même, quand du Nil j'abandonnai les bords,
Quel était mon dessein ? que prétendais-je alors ?
J'accourais, animé d'une ardeur héroïque,
Délivrer mon pays, sauver la république ;
Et, de la liberté couronnant le vengeur,
C'est pour la garantir qu'on me fit Empereur !

BERTRAND.

Je vous suis dévoué, ma foi n'est pas suspecte...
Mais le peuple a des droits, il veut qu'on les respecte.
Peut-être, ménageant de si chers intérêts,
Auriez-vous pour toujours enchaîné les Français.
L'opinion...

NAPOLÉON.

Céder au torrent populaire,
Des révolutions c'est rouvrir la carrière.
Quand un peuple s'agite et proclame ses droits,
Il est plus près encore d'attaquer ceux des rois.
Tout pouvoir à ses yeux devient illégitime,
Et dans un souverain la faiblesse est un crime.
Quel roi de ses sujets avait mieux mérité
Que ce roi malheureux, martyr de sa bonté,
Dont ma main recueillit le sanglant héritage ?
De toutes les vertus noble et vivante image,
Son cœur, du bien public constamment animé,

S'immolait sans regret au charme d'être aimé.
Il ne forma qu'un vœu..., le bonheur de la France.
Le monde épouvanté connaît sa récompense
Despote, son pouvoir eût été respecté :
Le salut d'un empire est dans la fermeté.

BERTRAND.

Un prince doit sans doute être ferme et sévère;
Mais, sire, j'en appelle à votre caractère.
Vous régnâtes long-temps sur des peuples soumis,
Sans reculer jamais devant vos ennemis;
Et le premier revers vous plonge dans l'abîme :
Que vous manquait-il donc?

NAPOLÉON.

Il me manquait la gloire.